JN076080

イラストでわかる！料理の裏ワザ

人気料理・肉料理 編

料理の達人倶楽部 編著

ロング新書

ミディアム

レア

ウエルダン

手間もお金もかけずにおいしい！
驚きの料理の裏ワザ

毎日つくる食事がいまひとつおいしくない。手間ひま
かけてつくり、高価な食材を用意すればおいしくなるけ
れど、時間もお金もかけたくない。家族が好きなカレー
やハンバーグをつくっても、なぜかひと味足りない。フ
ライや天ぷら、など、なぜかいつも失敗する。どうして
なのかしら……。

実はお金も時間もかけずに、料理の味を驚くほどアッ
プさせるワザがあるのです。ちょっとしたひと手間、ほ
んのひとさじの隠し味、簡単な工夫をするだけでいいの
です。本書で取り上げた裏ワザやコツさえ知っておけ
ば、もう悩むことはありません。最近は、おうち時間が
増えて、主婦だけでなく、自炊する男性、「家メシ」が
好きな人が増えていますが、本書は大いに役立つはず。

誰でも、安くてかたい肉でおいしい肉料理ができたり、
ふわふわなオムレツがつくれたり、ジュワッと肉汁あふ
れる餃子をつくることができます。全てイラスト付きで、
おうち時間が楽しくなる裏ワザがいっぱい。

さらにおいしい肉の選び方から、下ごしらえ、残り物
で一品をつくるコツ、人気料理と肉料理のあらゆるワザ
を満載しました。

本書で、毎日の料理がだんぜん楽しくなること請け合
いです。

料理の達人倶楽部

味噌

第2章 肉料理 編……99

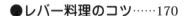

第1章 人気料理 編

【イラストでわかる！ 料理の裏ワザ】

味噌

安い牛肉の味を アップするワザ

極上の牛肉が買えればいいけれど、給料日前や育ち ざかりでよく食べる子供がいる家では、そうはいき ません。そこで、特売の安いお肉でもひと手間加え るだけで味がアップする方法をご紹介します！

【用意するもの】
・安い牛肉
・ごま油（適量）
・おろしにんにく（適量）
・塩（少々）

10

①お皿やバット、あるいはボウルなどに安い牛肉を
おく。その肉に、ごま油とおろしにんにく、塩少々
をまぶす。

②10秒ほどもみこむ。

③お肉を焼く。

かたい牛肉を
やわらかくするには?

かたい牛肉をやわらかくするのに、意外なあの飲み物が役立ちます! ちなみに肉類は、重曹を溶かした水に漬け込んでもやわらかくなりますが、牛肉の場合、味が落ちる場合もあるそうです。

【用意するもの】
・かたい牛肉
・コーラ(適量)

①ボウルやお皿などにかたい牛肉をおく。

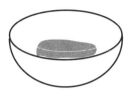

②コーラを適量、流し込み、牛肉を浸す。

③10 分ほどそのまま。

④10 分たったら取り出してお肉を焼く。

安い牛肉を ジューシーにするワザ その❶

安くてかたい牛肉を買ってきたら、肉に塩コショ
ウしたあと、片栗粉を薄くまぶし、少し置いてか
ら、余分な粉をはらって焼くと、とてもジューシー
になるから不思議！

【用意するもの】
- 牛肉（安くてかたい）
- 塩
- コショウ
- 片栗粉

。

①肉に塩コショウをふる。

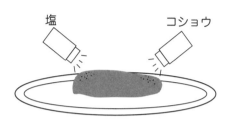

塩　　　　　コショウ

②片栗粉を薄くまぶして、少し置く。

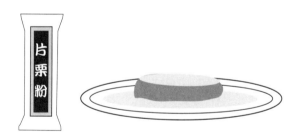

片栗粉

③余分な粉を払って、お肉を焼く。

安い牛肉を ジューシーにするワザ その❷

大根おろしをつくった場合、とても簡単に安くてかたい牛肉をジューシーにできます。肉をビニール袋に入れ、大根おろしの汁を漬けてもみ、30分ほど浸してから焼けば OK。

【用意するもの】
・牛肉（安くてかたい）
・ビニール袋
・大根おろしの汁

①大根おろしの汁を用意。

②肉をビニール袋へ入れ、大根おろしの汁を入れて
揉んだあと、30分ほど浸す。

③お肉を焼く。

焼き網に牛肉が くっつかなくする ワザ

大人数で焼肉をするときは、焼肉プレートや鉄板を使うことが多いですが、網で焼いたほうが格段に美味しく焼けます。網の目から脂肪がしたたり落ちて、肉のうま味が引き出されるからです。でも網で焼くと、薄い牛肉は網にくっつきやすいので、引っ張ったらちぎれてしまった！　ということも……。これを防ぐ裏ワザを紹介！

【用意するもの】
・牛肉（安くてかたい）
・網焼きプレート
・レモン

①レモンを切る。

②網にレモンをこすりつけてコーティング。

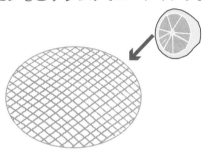

③お肉を焼く。

平らなホットプレートで焼肉を美味しく焼くワザ

肉は網で焼くほうがおいしいとわかっていても、家で本格的な網焼きをすると、部屋中にもうもうと煙がこもってしまうからできない……というときは、脂肪を落とすための溝がついている焼き肉用プレートや、スリット入りのものを使うのがおすすめですが、実は平らなホットプレートでも美味しく焼くワザがあります！

【用意するもの】
・ホットプレート
・アルミホイル
・お肉

①ホットプレートより少し大きめのアルミホイルを、用意し、それをくしゃくしゃとまるめる。

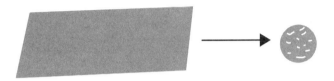

② 丸めたアルミホイルを破らないように広げる。

③ホットプレートに広げたアルミホイルをのせて、お肉を焼く。

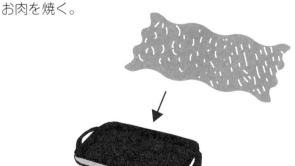

21

カルビをおいしく食べるワザ

牛肉のなかでもカルビは脂身の部分が多く、こってりしています。この、こってり味を好きな人もいますが、脂身は苦手という人も多いです。そこで、カルビは焼けたらそのまま食べるのではなく、サンチュに包み、さらに韓国のりで巻いて食べてみましょう。韓国のりの香ばしい香りと野菜が油のしつこさを消してくれます。

【用意するもの】
・カルビ
・サンチェ
　（レタスでも代用可）
・韓国のり
　（焼きのりでも代用可）

①焼けたカルビをサンチェで包む。

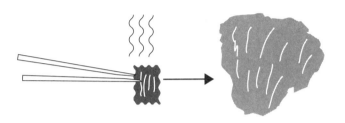

②①を韓国のりで包む。

焼肉のタレを
ひと味アップ

焼肉をおいしく食べるキーポイントは、焼けた肉を
漬けるタレにあります。市販のタレもさまざまな味
のものがでていますが、いまひとつというとき、使
える裏ワザをご紹介！

【用意するもの】
・焼肉のタレ
・マーマレード
・しょう油

その①

小皿にそそいだ焼肉のタレに、マーマレードを大さじ1杯加える。

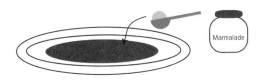

その②

小皿にそそいだ焼肉のタレに、しょう油を大さじ2杯、マーマレードを大さじ1杯加える（しょう油とマーマレードを2：1の割合でまぜる）。酸味と甘味がプラスされたおいしい焼肉のタレができる。

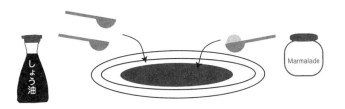

すき焼きをおいしく食べる裏ワザ

すき焼きは地方によってつくり方や食べ方にこだわりがあって、違います。とくに関東と関西ではつくり方がまったく違って、どちらがおいしいかはお好みしだい。関東ではだし汁、しょう油、みりん、砂糖、酒などを合わせた割り下で肉と野菜を最初から煮ます。関西は割り下は使わず、肉は煮るのではなく焼きます。

関東風すき焼きを美味しく食べるワザ

【用意するもの】
・すき焼き鍋／カセットコンロ
・牛脂／牛肉
・野菜（白菜、ネギ、しらたき、しいたけ、えのきだけ、春菊など）
・割り下（30 ページ参照）
・水／卵／豆腐

①鍋を熱して牛脂を塗る。

②鍋に牛肉を広げる。牛肉に軽く火を通したら、割り下を入れ、続けて野菜を入れて煮る。煮すぎると牛肉がかたくなるので煮すぎず、肉に赤みが残っているくらいがベスト。肉のそばにしらたきは近づけない方がいい。

③煮詰まったら、割り下と水を加えて、味を調整して完成。溶き卵につけて食べよう！

27

関西風すき焼きは ザラメを使うのがコツ

関西では、すき焼きは、割り下はつかわず、肉は煮るのではなく焼きます。

調味料には砂糖を使うのですが、ザラメを使うのがベスト。ゆっくり溶けて具材にじっくり染み込むので味がアップし、また肉の生臭さも消してコクが出ます。

【用意するもの】
- すき焼き鍋／カセットコンロ
- 牛脂／牛肉／卵／豆腐
- 野菜（白菜、ネギ、しらたき、しいたけ、えのきだけ、春菊など）
- 砂糖（ザラメがベスト）
- しょう油／みりん

①鍋に牛脂を塗ったら砂糖を大さじ1杯敷く。牛肉を広げて鍋に並べ、上から砂糖、しょう油、みりんなどをかけて焼きつける。やわらかいうちに肉だけ溶き卵につけて食べる。

②次に野菜を鍋に入れて焼いていく。野菜から水分が出て味が変わるので、味加減を見ながら砂糖やしょう油などを足していけば完成（店や家によって、みりんは使わない、昆布だし汁を加えるなどいろいろある）。野菜を入れた後に、牛肉を追加で焼いてもOK。

割り下をひと味
おいしくする裏ワザ

市販のすき焼き用のタレは何種類も出回っていますが、割り下は使う調味料を調整して、自分の好みの味をつくるのが一番です！！

【用意するもの】
・しょう油
・みりん
・砂糖
・水
（お好みで、日本酒）

しょう油、みりん、砂糖、水を4対3対2対1の割合で混ぜるだけ。あとは自分の好みで日本酒や32ページで紹介の隠し味を加えてコクを出したり、調味料の分量の割合を変えればOKです。

4 : 3 : 2 : 1

割り下の味にコクを出すため加えるものは?

30ページでつくった、基本の割り下をひと味アップさせるために、加えるといい隠し味を紹介します。自分の好みによって加えるもよし、やめてもよし。試してみてはいかがでしょうか?

【用意するもの一例】

・割り下
・赤みそ／すし酢
・板チョコレート
・焼酎／ハチミツ
・すりおろしたにんにく

◉赤みそを少量加えるとコクが出る。

 ＋

◉すし酢を少量加えると甘みと酸味がアップ。

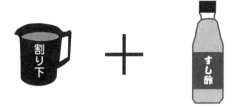

◉板チョコレートを一片入れるとコクが出る。

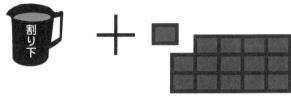

◉焼酎を入れるとコクがプラス。

◉ハチミツを少量加えると甘みとコクが出る。

◉すりおろしたにんにくを加えると味がアップ。

33

野菜はねぎから
入れると一味アップ！

鍋に肉を入れて焼いたら、割り下を入れる前に、野菜。まず最初に入れて焼く野菜は長ねぎがおすすめ！　香ばしさとうま味が出て肉の味をひきたてます。

長ねぎの代わりに玉ねぎの輪切りを入れても OK。肉と玉ねぎを焼いてから他の野菜を加え割り下を入れれば、玉ねぎから甘みが出てひと味アップします。

キウイかパイナップルを入れると肉の味がアップ

キウイが特産品の岐阜県の農家では、すき焼きにキウイを入れるそうです。

鍋に肉を入れ たら、輪切りにしたキウイを肉の上にのせて煮ます。キウイは一人前で一個で OK。

キウイの酵素の働きで安い肉でも霜降り肉のようにやわらかくなり、甘みと酸味が加わって、鍋全体の味もおいしくなります！　キウイのかわりにパイナップルでも OK です。

コーラとしょう油で割り下をつくるワザ

割り下をつくるには、みりん、砂糖、しょう油、水、だし、酒などをまぜなければならない……そんな手間をかけなくても、簡単においしい割り下をつくる驚きのワザがあります！

【用意するもの】
・コーラ
・しょう油
・水

コーラとしょう油と水を2：2：1の割合でまぜて煮立たせるだけ。コーラの甘みが意外にも牛肉に合う！

2：2：1

ひと煮立ちする。

割り下

完成！

すき焼きの残りで カレーをつくると 絶品！

すき焼きが残ったら、鍋に入れたまま一日置くと、翌日のほうが味が深くなってコクが加わります。この鍋にうどんやご飯を入れて食べてもいいのですが、カレーにするのもおすすめです！

【用意するもの】
・１日置いた、すき焼きの残りもの
・カレールウ
・水

残り物の鍋に、市販のカレールウと水を適量加えて
カレーをつくる。

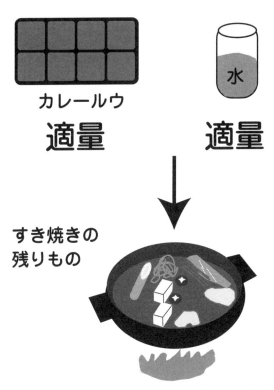

カレールウ
適量

水

適量

すき焼きの
残りもの

すき焼きの割り下の調味料成分がカレーと合い、カ
レーのコクを引き出すので絶品のおいしさにな
る！！

かたい特売肉を
やわらかくする裏ワザ❶

レストランのビーフシチューはやわらかいのに、家でつくると、角切りにした肉はかたくなって噛みにくい！　そこで、特売肉でもやわらかくなり、味に深みが出るワザを紹介します。

【用意するもの】
・牛肉（煮込み用のかたまり肉）
・ヨーグルト

①煮込み用のかたまり肉を買ってきたら、プレーンヨーグルトの中に肉がひたひたになるように漬けおく。

②冷蔵庫でひと晩おく。

③一晩おいてから煮込むと、肉はやわらかくてマイルドな味に変身！

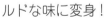

かたい特売肉を やわらかくする裏ワザ❷ 高級レストランの味に挑戦

赤ワイン、玉ねぎのすりおろし、キウイの角切り、ヨーグルトの 4 種をまぜたものに肉を漬け込んでひと晩冷蔵庫で寝かせてからつくると、でき上がりは高級レストランの味に！

肉は、口の中でとろけるほどやわらかくなります。

【用意するもの】
・牛肉（煮込み用のかたまり肉）
・キウイ
・ヨーグルト
・玉ねぎ
・赤ワイン

①赤ワイン、玉ねぎのすりおろし、キウイの角切り、
ヨーグルトの４種を適量まぜたものに肉を漬け込む。

キウイの角切り　　玉ねぎのすりおろし

適量　　　　適量　　　　適量

適量

②冷蔵庫でひと晩おく。

③一晩おいてから煮込むと、肉はやわらかくなり、
甘みがプラスされる。

市販のルウを使うなら、この隠し味を!!

ビーフシチューはふつうはデミグラスソースとコンソメやブイヨンでじっくり煮込んでつくりますが、市販のルウでも隠し味をプラスすれば、十分おいしくつくれます。

【用意するもの】
・牛肉（煮込み用のかたまり肉）
・市販のルウ
・ケチャップ
・ウスターソース
・砂糖

①肉や野菜を煮込み、市販のビーフシチューのルウを入れる。

市販のルウ

②ルウがドロッとなったら、ケチャップ、ウスターソース、砂糖を各大さじ 1 杯ずつ加えて煮込む。これだけで、市販のルウでも絶品の味になる。

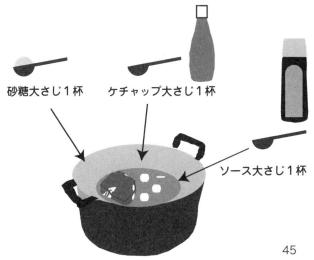

砂糖大さじ1杯　　ケチャップ大さじ1杯

ソース大さじ1杯

45

ビーフシチューに加えたい隠し味6選

ビーフシチューをつくるときに赤ワインは入れたいものですが、少量加えるといい隠し味になるものは、ほかにもいろいろあります。

【用意するもの一例】

A 焼いたプチトマト

B 生クリーム or プレーンヨーグルト

C ポーションミルク

D リンゴ、バナナ

E トマトケチャップ、トマトジュース

F チョコレート、インスタントコーヒー

A 煮込むときにプチトマトを焼いたものを入れると、甘みと深みがプラス

B 仕上げに、生クリームかプレーンヨーグルトを大さじ1杯ほど入れると、コクが出て まろやかに。

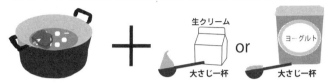

生クリーム

or

ヨーグルト

大さじ一杯 大さじ一杯

C コーヒー用のポーションミルクを 3〜4 個入れる。

D リンゴのすりおろし、バナナのすりおろし を 1 個分を入れるとまろやかなコクが出る。

E トマトケチャップ、トマトジュースを適量加える。

トマトジュース

F チョコレート一片、インスタントコーヒーを適量加える。

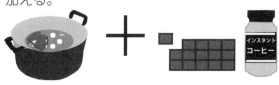

インスタントコーヒー

圧力鍋は使わない
時間をかけて煮込む

圧力鍋は、時間がかかる煮込み料理を短時間で完成させる便利な器具ですが、高温で短時間に熱を加えるので、ビーフシチューを作ると、肉のゼラチン質が溶けて肉から流れ出し、肉がパサパサになってしまいます。

ビーフシチューはある程度の時間をかけて、普通の鍋でじっくり煮込むのがコツです。

肉は強火で炒めておく

ビーフシチューは、煮込む前に、鍋に油をひいて、玉ねぎやにんじんなどの野菜と一緒に牛肉を炒めますが、その際、必ず、牛肉は強火で炒めて表面に焦げ目をつけるのがコツです。焦げ目をつけるとうま味を肉の中に閉じ込めることができるのです。焦がさないで煮込むとうま味が逃げてしまいます。

牛肉の焦げ目をつける

強火

肉汁がジュワーッと出る
ハンバーグのワザ

家でハンバーグを焼くとかたくなってしまうのは、焼いているうちに水分を逃がしてしまい、肉のタンパク質がかたまってしまうからです。

そこで、ひき肉をこねるときに、つなぎに使うパン粉の代わりに麩を入れるととてもジューシーに！

麩はパン粉の2倍も水分を保つ力があるので、肉汁を逃がしません。

【用意するもの】
・麩
・ひき肉
・玉ねぎ／牛乳
・にんにくすりおろし
・塩／砂糖

①パン粉の代わりに麩を用意する。麩は小さくちぎって牛乳にひたす。

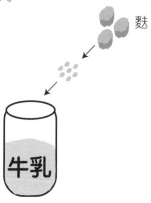

麩

牛乳

②牛乳にひたした麩を、ひき肉、玉ねぎのみじん切り、牛乳、にんにくすりおろし、塩、砂糖などと混ぜれば、タネが完成。

ふんわりジューシーな
ハンバーグのコツ

肉のタンパク質をかたまらせないためには、マヨネーズをひき肉の5％（二人分なら大さじ一杯ほど）混ぜると、マヨネーズの植物油の細かな粒子が、タンパク質の結合をソフトにし、ジューシーに仕上げてくれます！

マヨネーズ

ひき肉の味を
落とさないワザ

ハンバーグのひき肉には、みじん切りの玉ねぎを炒めて加えますが、キツネ色になるまで炒めたら、いったん冷蔵庫に入れて冷やすのがコツ。熱いままひき肉に加えてこねると、肉の味を落としてしまいます。だからこねるときは、手も冷水でよく冷やすか、冷やした木杓子を使うなどして温度を上げないことがポイントです。

ハンバーグをやわらかく 仕上げるワザ

ひき肉をこねてタネを丸くしたら、小麦粉をハンバーグのタネ全体にまぶし、余分な粉をはたいてからフライパンで焼きます。

そうすると、熱が加わると小麦粉が糊状になって肉を包み込み、肉汁が外に溶け出すのを防いでくれるので、ジューシーにやわらかく仕上がります！

【用意するもの】
・ハンバーグのタネ
・小麦粉

①ひき肉をこねてタネを丸くする。

②小麦粉をハンバーグのタネ全体にまぶす。

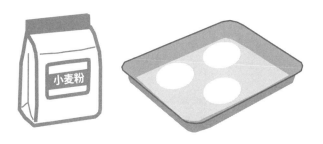

③余分な粉をはたいてからフライパンで焼くと、
　ジューシーにやわらかく仕上がる！

ハンバーグをヘルシーで ジューシーにするコツ

ひき肉に混ぜるつなぎを、パン粉のかわりに寒天を入れると、寒天が肉汁を閉じ込めるのでジューシーになり、寒天の食物繊維がたっぷりのヘルシーハンバーグができます！

【用意するもの】
・棒寒天
・ひき肉（200グラム）
・玉ねぎ
・牛乳
・にんにくすりおろし
・塩
・砂糖

①パン粉のかわりに棒寒天を用意する。棒寒天は
5センチくらい切り、水に浸す。

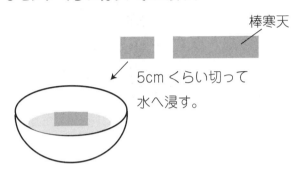

棒寒天

5cm くらい切って
水へ浸す。

②寒天がやわらかくなったら、水からとりだして、
細かくちぎる。

③ちぎった寒天を、ひき肉（200 グラム）、玉ねぎ
のみじん切り、牛乳、にんにくすりおろし、塩、
砂糖などと混ぜれば、タネが完成。

57

ふわふわの
オムレツにするコツ

レストランのオムレツは、表面はふっくら、中身は半熟トロトロで、とてもおいしいです。そんなオムレツを家でつくるには、卵3個に対して小さじ1杯の生クリームか、なければ コーヒー用のフレッシュミルクを2個ほど加えてまぜて焼けばOK。
生クリームの乳化した油分が、まろやかでふわふわのオムレツにしてくれます。

【用意するもの】
・卵3個
・生クリーム小さじ1杯
　　　or フレッシュミルク2個

①卵３個を割って、ボウルに入れ、生クリーム小さじ１杯か、フレッシュミルク２個を入れて、かき混ぜる。

②よくかきまぜたら、フライパンで焼いて完成！

卵白でメレンゲをつくって入れるとフワフワに

卵はただまぜて焼くのではフワフワのオムレツにはなりません。卵を卵黄と卵白に分け、卵白を泡だて器でツノが立つまでよくまぜて、メレンゲをつくります。このメレンゲを卵黄にまぜて焼くと、最高にフワフワのオムレツができます！

【用意するもの】
・卵３個
・泡立て器
・ボウル

①卵3個を卵黄と卵白にわける。

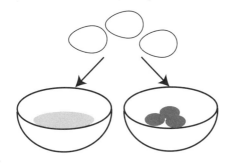

②卵白を泡立て器でツノが立つまでよくまぜて、
メレンゲを作る。

③メレンゲを卵黄にまぜて焼くと、最高にフワ
フワのオムレツができる。

卵を入れる
タイミングは？

卵を焼くときはサラダ油だけではなく、バターも使うとよいです。フライパンにサラダ油とバターを入れて熱すると、バターにシュワシュワと泡ができるので、この泡が小さくなったら卵を入れます。

卵を入れてジュッ！ という音がしたら絶好のタイミング。油が十分に熱せられないうちに卵を入れてしまうと、油っぽいオムレツになってしまうし、中身がトロリとした仕上がりにならなくなってしまいます。

【用意するもの】
・バター
・サラダ油

①サラダ油とバターを入れて熱する。

②バターが溶けてできた泡が小さくなったら……

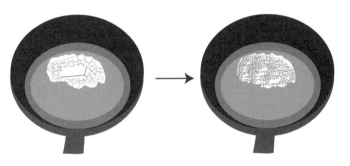

③卵を入れて焼く。

63

オムレツを焼くとき、バターは冷たいフライパンに投入

オムレツは、焼き上がりの色も大切なポイントです。

しかし、温まったフライパンにバターを溶かし入れると、バターは焦げてしまいがちに。バターの焦げが卵に移れば見た目が台無しになってしまいます。

そこで、オムレツを焼くときは火をつける前にフライパンにバターを入れるのがベター。

溶けはじめたらフライパンを火からはずして余熱でゆっくり溶かし、そこに卵を流し入れます。

こうすると、バターが焦げないため香りもよく、色もきれいに仕上がります。

【用意するもの】
・バター
・卵

①火をつける前にバターを入れる。

②溶けはじめたらフライパンを火からはずして
余熱でゆっくり溶かす。

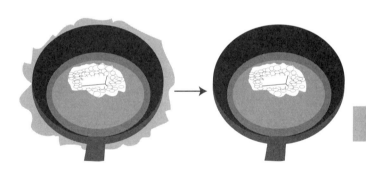

③卵を流し入れて、焼く。

大きなオムレツを つくるには、 かきまぜてはだめ

1個の卵でも、ふつうより大きくてふわふわのオムレツをつくることができます。ポイントは、フライパンに流し入れた卵を菜箸でかきまぜないこと。焼き色がつくまでは、じっと我慢します。

【用意するもの】
・バター
・卵

①卵の白身でメレンゲをつくる。泡立て器を持ち上げたときに角が立つくらいよく泡立てる。

②そこに黄身をそっと入れる。塩・コショウなど好みで味付けしたら軽く混ぜる。混ぜすぎると「ふわふわの元」の泡がつぶれてしまうので注意。箸で軽く10回くらい切る。

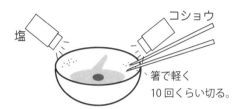

③油やバターをフライパンにひいて、②を流し入れて中火で焼く。**このとき、ふつうのオムレツをつくるときのように絶対にかきまぜてはいけない。**

④うっすら焼き色がついたらオムレツの形に整えれば完成。こうすれば、ふつうの3倍ぐらいの大きさで、ふわふわのオムレツができ上がる。

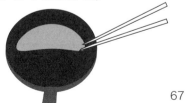

小さくてこんもりした オムレツは、 お玉でつくる

お弁当にも、ホームパーティーの料理にも合う小さなオムレツ。どうやってつくるのか？
答えは簡単。お玉を使います！

【用意するもの】
・卵
・塩
・コショウ
・サラダ油
・お玉／フォーク／ボウル

①溶きほぐした卵を塩・コショウで味付けしておく。

②金属製のお玉を直接火にかけて温め、サラダ油を
多めにひいたら、卵を入れる。

③フォークを使ってくるっと返しながら焼けば完成。

ジュワっと肉汁が あふれる餃子の裏ワザ❶

餃子専門店やラーメン屋さんでは、中から肉汁があふれるおいしい餃子を食べることができますが、家庭で餃子をつくると、ジュワっと肉汁あふれる餃子をつくるのはむずかしいものです。

実は、そんな肉汁あふれる餃子をつくる簡単なコツがあります。**餃子の中身の具をつくるときに、ひき肉にラードを少量加える**のです。これだけで肉汁あふれるジューシーな餃子ができます！

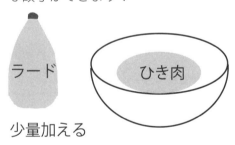

ラード

ひき肉

少量加える

ジュワっと肉汁が あふれる餃子の裏ワザ❷

もうひとつ、肉汁あふれる餃子をつくる方法をご紹介します。**ひき肉をこねるときに中華スープの素を溶かしたスープを、ひき肉100グラムに対して大さじ3杯ほど入れてつくる**のです。焼き上がった餃子はとてもおいしく、ジューシーになります！

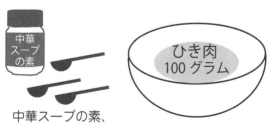

中華スープの素、
大さじ3杯をお湯で溶かした
スープをひき肉に入れる。

ジュワっと肉汁が
あふれる餃子の裏ワザ❸

餃子の具は、ひき肉に白菜、ニラ、ねぎ、キャベツなどの野菜を切ったものを加えて混ぜます。

このとき、白菜やキャベツは塩でもんで水分を絞ってから混ぜるのがふつう。しかし、**キャベツや白菜を塩でもまずに、そのままひき肉に加えて混ぜる**と焼き上がりがジューシーになります！

【用意するもの】

- ひき肉
- ニラ
- ねぎ
- キャベツ
- 白菜

---

①ボウルに、ひき肉と刻んだネギ、ニラを入れる。

②キャベツと白菜を刻んで、そのまま①に入れて、
混ぜる。水分は絞らない。

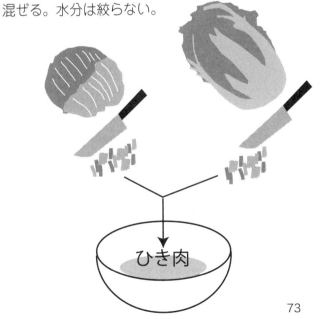

パリっと香ばしい 羽根つき餃子を つくるワザ

餃子の焼き方は、パリパリで皮と皮の間に薄くて香ばしい羽根がついているのが理想です。ふつう餃子を焼くには、フライパンに餃子をのせて焼いてから、水を入れてふたをし、蒸し焼きにします。しかし、最後に蒸すとパリパリにはならず、ベチャッとなってしまいます。ベチャッとならずパリッとするワザを教えます！

【用意するもの】
- 焼く前の餃子
- 小麦粉／水 50cc
- サラダ油／ごま油

①羽根の材料を用意する。水 50cc に小麦粉を小さじ2杯を溶かしておく。

②フライパンにサラダ油をひいて餃子をのせて加熱したら中火で1分半ほど焼く。

③①の羽根の材料を餃子に回しかけ、ふたをして約5分ほど蒸し焼きにする。

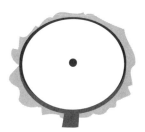

④焼けてきたら、ごま油をフライパンに回し入れて、ふたをしないで焦げ目がつくまで焼く。

フライをサクサクに 揚げるワザ

トンカツ、エビフライ、カキフライなどのフライは、サクサクに揚がった衣がおいしさの秘訣です。ふつう、フライは肉などの具に小麦粉→卵→パン粉の順につけていきますが、次の裏ワザの通り、料理酒を入れて作ると、サクサクに揚げられます。料理酒のアルコールの成分が、加熱によって蒸発するとき、具の水分も蒸発させるからです。

【用意するもの】
・小麦粉 100 グラム
・料理酒 100cc
・卵 1 個
・パン粉
・ごま油

①小麦粉 100 グラムに対して、料理酒 100cc くらい、
卵 1 個をよくまぜ合わせておく。

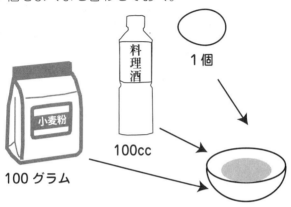

②①の液に具材をつけてパン粉をまぶして揚げれば、
サクサクに仕上がる。

77

オリーブオイルで 揚げるとサクサク！

フライはふつうはサラダ油で揚げますが、オリーブオイルを使って揚げると、驚くほどサクサクに仕上がります。ほかの油に比べて具材に素早く熱を通すので、油っぽくならずにいつまでもサクサクです。

オリーブオイルは高価なイメージがありますが、缶入りのものなど、お手頃なものもあるのでそれを使うか、サラダ油とまぜてもOKです。

フライの衣が
はがれないように
揚げるワザ

　フライはうまく揚げないと衣がはがれてしまう
ことがよくあります。

いつものフライを揚げる手順で、具材に小麦粉、
溶き卵、パン粉をつけるとき、**溶き卵の中に大さ
じ1杯のサラダ油**を入れてよく混ぜます。このサ
ラダ油入り溶き卵をつけてあとはいつものように
揚げるだけ。これで衣ははがれにくくなります。

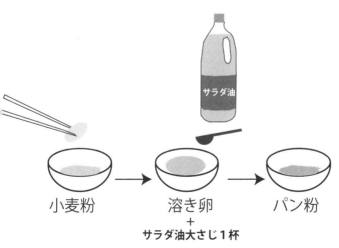

小麦粉 → 溶き卵 → パン粉
**＋
サラダ油大さじ1杯**

安い豚肉でも
やわらかいトンカツを
揚げるワザ❶

トンカツはまわりの衣はサクサクで、中の豚肉が
ふっくらとやわらかいのがベスト。高価なロース
肉やヒレ肉ではなく、特売の豚肉でもやわらかく
揚げるコツがあります。

【用意するもの】
・豚肉
・肉叩き or 包丁
・牛乳
・衣（小麦粉→溶き卵→パン粉の
　順につける。134 ページ参照）

①豚肉の表裏を肉叩きで叩いてよく伸ばす。肉叩きがなければ包丁の背でもOK。

②伸ばした豚肉を牛乳にひたひたになるようにつけて、30分ほど置く。

③牛乳をふき取り、あとは衣をつけてふつうに揚げるだけで、やわらかいトンカツのでき上がり！

安い豚肉でも やわらかいトンカツを 揚げるワザ❷

豚ロース肉は、包丁の刃の先で全体を突き刺して切り込みを入れていきます。肉叩きで叩いて肉をよく伸ばし、広がったらまたギュッと寄せて元の大きさに戻して、揚げます。肉叩きで伸ばしても、手でギュッと元の大きさに戻しますので、厚みがありとてもやわらかいトンカツになります。叩きすぎると肉がペラペラになってしまうので、叩きすぎに注意しましょう。

【用意するもの】

・豚肉

・肉叩き or 包丁

・牛乳

・衣（小麦粉→溶き卵→パン粉の順につける。134 ページ参照）

①包丁の刃の先で全体を突き刺して切り込みを入れていく。

②肉叩きで叩いて肉をよく伸ばし（叩きすぎ注意）、広がったらまたギュッと寄せて元の大きさに戻す。

③衣をつけて揚げるだけで、やわらかいトンカツのでき上がり！

ポテトチップスで
コロッケをつくる
ワザ

じゃがいもでつくるコロッケはおいしいけれど、
「じゃがいもをゆでてつぶすのが面倒……」という
とき、市販のポテトチップスで簡単にコロッケが
つくれます！　ポテトチップスの代わりにマッ
シュポテトを使ってもOK。

【用意するもの】
・ポテトチップス 100 グラム
・お湯／ひき肉 50 グラム
・玉ねぎ1個／塩コショウ
・小麦粉／卵／パン粉

----

① ポテトチップス 100 グラムを粗くくだいてお湯を
少量かけて 3 分ほど置き、ふやかす。

84

②ひき肉 50 グラムとみじん切りにした玉ねぎ 1 個分を炒めて、塩コショウする。

ひき肉 50 グラム　　玉ねぎ1個
　　　　　　　　　　みじん切り

③①でふやかしたポテトチップスに②の炒めたひき肉と玉ねぎを入れてよくまぜ、丸くタネをつくる。

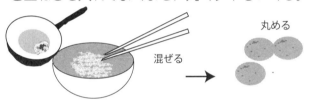

混ぜる　　　　丸める

④タネに小麦粉、卵、パン粉をつけて揚げる。

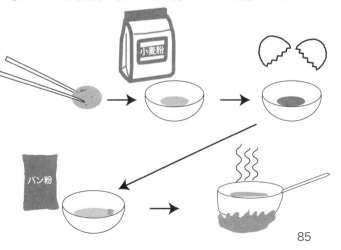

揚げないコロッケで カロリーカットの ワザ

コロッケはおいしいけれど、油で揚げるのでカロリーが高めです。ダイエットをしている人は、パン粉を使った揚げないコロッケをつくりましょう。油で揚げないから簡単で、パン粉が香ばしくておいしいです。

【用意するもの】
・じゃがいも
・ひき肉
・玉ねぎ
・パン粉

①フライパンに油をひかず、パン粉を適量、弱火できつね色になるまで炒めて、お皿に移す。

②皮をむいたじゃがいもをゆでて、ポテトマッシャーなどで、つぶす。

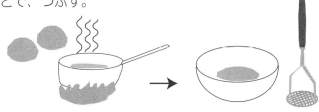

③ひき肉、玉ねぎを炒めたものを②にまぜて、丸くタネをつくる。

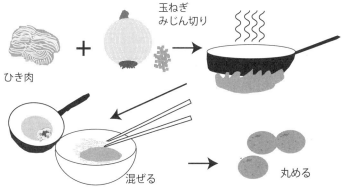

ひき肉　　玉ねぎ　みじん切り

混ぜる　　　丸める

④①で炒めたパン粉を③タネの表面をおおうようにつけて完成。

天ぷらの衣をサクッと 揚げるコツ❶

天ぷらは何といっても衣がサクッと揚がってなければおいしくありません。天ぷらの衣はふつう、冷水200ccに卵1個をまぜ、小麦粉200グラムを加えて軽くまぜて作りますが、衣の温度が上がると粘りが出てしまうので、まず、温度を上げないことがポイント。そこで、**衣に使う水は冷水。小麦粉は冷蔵庫で冷やしておくことが、サクッとあげるコツ**です。

> 【用意するもの】
> ・冷水 200cc
> ・小麦粉 200 グラム
> ・卵 1 個
> ・ボウル

①小麦粉と水を、冷蔵庫でよく冷やしておく。

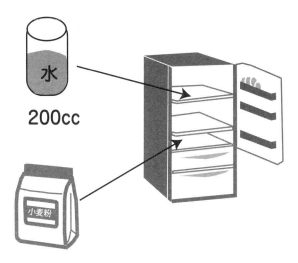

②①で冷やした水と小麦粉、卵1個をボウルにあけ、混ぜれば、サクッと揚がる衣の完成。（卵のかわりにマヨネーズ大さじ2杯でもよい）

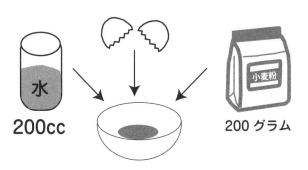

天ぷらの衣をサクッと揚げるコツ❷「卵の代わりにマヨネーズ」

衣に使う卵の代わりにマヨネーズを使うことで、よりサクッと仕上ります。小麦粉 100 グラムに対してマヨネーズは大さじ 2 杯くらい。マヨネーズに含まれている大量のレシチンは油と結びついているので、気泡がたくさんできてサクサクになります！

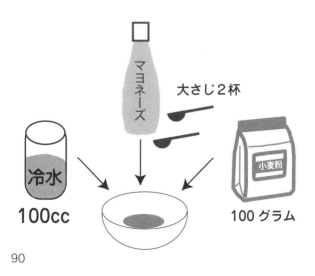

マヨネーズ　大さじ2杯

冷水
100cc

小麦粉
100 グラム

天ぷらの衣を
サクッと揚げるコツ❸
「卵の代わりに酢」

卵を使わずに酢を入れると、驚くほどサクサクに！
小麦粉 100 グラムに対して冷水 100cc に穀物酢
を大さじ 2 分の 1 杯をまぜて衣をつくります。あ
とはふつうに具材に衣をつけて揚げるだけです。
酢は、小麦粉の粘りを出すもとになるグルテンの
形成を阻害します。実際に、天ぷら屋さんではこ
のワザで揚げる店も多いそうです。

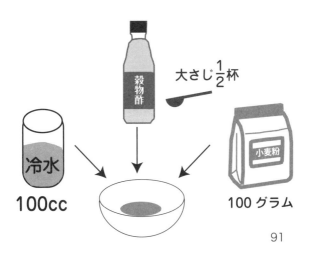

大さじ$\frac{1}{2}$杯

穀物酢

冷水

100cc

小麦粉

100 グラム

冷めてベタっとなった天ぷらをサクサクに復活させるワザ

揚げたての天ぷらはサクサクだったのに、時間がたったらベタっとなってしまうことはよくありませんか？　電子レンジで温めてもサクサクには戻りません……。こんなとき、サクサクに復活させる意外なワザがあります！

天ぷらは、衣の中に気泡ができるとサクサクになりますが、時間がたつとこの気泡が潰れてベタっとなってしまうのです。そこで、衣に水分を含ませてふくらませて油で揚げると、水分が蒸発してまた気泡ができて、揚げたて同様のサクサク感が復活します。なお、油がはねないかと心配になりますが、意外にもはねません。

【用意するもの】
・冷めた天ぷら
・水／ボウル
・油／揚げ物用鍋

①ボウルに水をはり、冷めてしまった天ぷらを水の中に入れて衣に
たっぷりと水分を含ませる。

②水を含んだら、天ぷらをバットの網の上に
しばらく置いて余分な水気を切っておく。

③②をもう一度 180°C の油で揚げれば、揚げたてのサクサク感が戻って味もおいしくなる。

天ぷらの衣が残ったら捨てないで！

天ぷらをつくると、どうしても衣が余って残ってしまいますが、この残った衣を捨てるのはもったいない！　衣の中に、残り物などあり合わせの具材を入れてかき混ぜ、フライパンで焼けば、簡単お好み焼きができます！　具材は、冷蔵庫の残り物なら何でも応用できます！

【用意するもの】
・余った衣
・干しエビ／ハム／チーズ
　ネギ／キャベツ

①天ぷらをつくり終えて、余った衣に、干しエビ・チーズ・ハム・チーズ・キャベツの千切り・刻んだネギなどなどを適量入れてかき混ぜる。

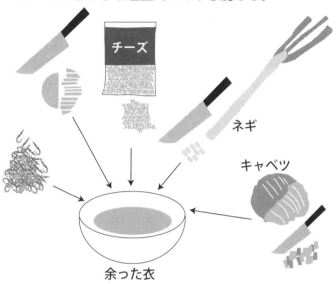

余った衣

②①をフライパンで焼けば完成！

市販のルウでつくる カレーに入れる隠し味

カレーは誰もが好きな国民的メニューで、それこそ人によって、その家によって、好みのつくり方や味がいろいろあります。本来なら、カレー粉を炒めてスパイスをきかせて自分でルウをつくると本格的ですが、そんな手間をかけられないときは、市販のルウを使っても十分においしくつくれます。

市販のルウを使うときは1種類ではなく、2種類のルウをまぜて使うとおいしくなります。

また、つくったカレーの味がいま一つというときは、隠し味に次のものを入れるのがおススメです。

【たとえば、こんなものを準備】
A プチトマト or ホールトマト
B 粉末ココア
C 塩辛
D 粉末コーンポタージュスープ

96

A 煮込むときにプチトマトを焼いたものを入れると、甘みと深みがプラス。

焼いた
プチトマト

or

B 最後にココアの粉を小さじ 2 杯くらい加えると、味にコクと深みが出る。

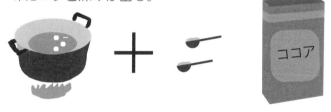

ココア

C 塩辛を適量加えると辛さに絶妙な味わいがプラスされる。

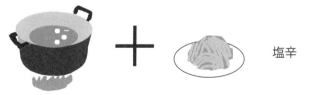

塩辛

D 粉末のポタージュスープの素を大さじ 2 杯加えると、まろやかな甘みが出る。

コーン
ポタージュ
スープの素

お弁当に最適！インスタントより美味しいお手軽味噌汁

【用意するもの】

・味噌、粉末の鰹出汁

・乾燥わかめ（お好みでネギ、豆腐）

・百円ショップで売ってる
お椀状やマグカップ状のタッパー

①百円ショップで売ってるお椀状やマグカップ状の
タッパーに、味噌と粉末の鰹出汁と乾燥わかめを適
量入れて蓋をする。お好みで刻んだネギや豆腐も。

味噌

鰹出汁

乾燥わかめ

②食べる時に①にお湯を注いで、お箸でかきまぜて、
味噌が溶ければ完成。

第2章 肉料理 編

【イラストでわかる！料理の裏ワザ】

牛肉は色むらのない 鮮赤色がよい

切ったばかりの牛肉は暗赤色（黒みがかった赤色）をしていますが、空気にさらされているうちに鮮やかな赤色に変わり、やがて、灰褐色（灰色がかった茶色）になっていきます。

買うときは赤身が鮮やかな赤色で色むらがなく、脂身は白か乳白色、赤身と脂身の境目がはっきりしているものを選びましょう！

①暗赤色
（黒みがかった赤色）　　②鮮やかな赤色　　③灰褐色
（灰色がかった茶色）

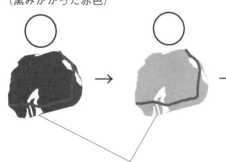 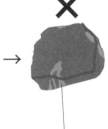

脂身は白か乳白色で、
肉との境目が
はっきりしている。

脂身が黄色っぽくなって、
肉との境目が
ぼやけてきている。

100

ステーキにするなら、肉厚のものを選ぶ

ステーキにする場合、ちょっと薄めで大きい肉と、ちょっと厚めで小さい肉があったとしたら、どっちを選びますか？

同じグラム数なら絶対に厚みがある肉を選ぶべき！焼く面積が狭いぶん、肉汁を閉じ込めてくれるから、おいしく仕上がります！

薄めで大きい肉は
ステーキにあわない。

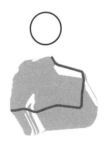

厚めで小さい肉が
ステーキにはよい。

牛肉の種類は３つ
安全なのは？
微妙に違う和牛と国産牛

牛肉には３種類あります。

　①和牛

　②国産牛

　③外国産牛

煮込みや焼く料理ならよいけれど、生や半生で、食べたい場合などは、やはり安心できるのは和牛か国産牛です。

①**和牛**　おすすめは、高価ですが、もっとも品質がよい和牛。本物の和牛の表示には「黒毛**和**牛」など、「**和**」のひと文字が入っているので、「黒牛」「黒毛牛」などという表示に惑わされないようにしましょう。

②**国産牛**　和牛の次におすすめなのは、肉はかためですが、国産牛です。国産牛は、日本で生まれた牛、あるいは、外国生まれでも日本で長く育てられた牛が該当します。外国生まれの場合は、育てられた期間が、生まれた国よりも日本での方が長いことが条件です。和牛は国産牛のうち、限られた4品種を言います。

③**外国産牛**　文字通り外国で生まれ育った牛です。肉を柔らかくするために肥育ホルモン剤が使われていることがあるので、おすすめの順位は最後になります。

豚のもも肉は ピンク色の 「内もも」を選ぶ

豚肉は水分が多いため、パックされているもの を買うときは、ドリップと呼ばれる水分（赤い汁） が流れ出ていないかを確認しましょう。

豚肉のなかでも、もも肉は人気ですが、「もも肉」 と表示されていても、ピンク色の「内もも」と 赤みの強い「外もも」の2種類があります。

「内もも」のほうがやわらかくてジューシーなの で、色の違いをチェックして、そちらを買うの がおすすめです。

またスーパーなどで「SPF豚」という表示を見かけますが、これは「特定病原菌不在」を表し、病気にかかった豚ではないことを証明するものです。やわらかくて風味がよく、豚肉特有の臭みもなく、安全とおいしさの代名詞といえます。

●豚もも肉はピンク色の
「内もも」がやわらかくてジューシー

内もも

外もも

鶏肉は 「水分」「かたさ」 「ツヤ」「皮」で選ぶ

鮮度が落ちた肉からはドリップ（赤い汁）が出ますが、とくに出やすいのは鶏肉。鶏肉も傷みが早いので、パックで売られているものを買う場合はドリップが出ていないかを確認した方がいいです。

肉のかたさとツヤ、皮の状態もチェック。かたさはパックの上からそっと肉を触って、弾力がなくグニャッとしたら鮮度が落ちている証拠。

また、古い鶏肉はテラテラ光って見えますが、新鮮なものには適度なツヤがあります。

皮は、毛穴のブツブツが盛り上がっているものほど新鮮。古い鶏肉は粘り気が出てきて、皮の毛穴のブツブツがぺたんと平べったくなっています。

●新鮮な鶏肉

皮の毛穴のブツブツが盛り上がっている

適度なツヤがある

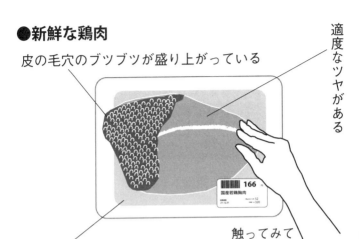

ドリップ（赤い汁）が出ていない

触ってみて弾力がある

●古い鶏肉

皮の毛穴のブツブツがぺたんと平べったくなっている

テラテラ光ってる

ドリップ（赤い汁）が出ている

触ってみて弾力がない

健康面からいえば、地鶏か銘柄鶏がおすすめ

鶏肉には「**地鶏**」「**銘柄鶏**」「**ブロイラー**」の 3 種があります。

比内地鶏、名古屋コーチン、薩摩地鶏が三大「**地鶏**」です。最高級の品質ですが、高価なのでそうそう買うわけにはいきません。

「**銘柄鶏**」は天然飼料を与え、飼育日数を長くした赤鶏やブロイラーのこと。

「**ブロイラー**」は安価ですが、薬剤をまぜた飼料で育てられることが多いため、安全面からは地鶏か銘柄鶏がおすすめです。

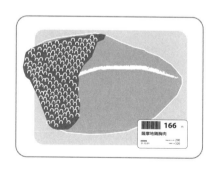

レバーはツヤと
プリプリ感で見る

レバーは塊で買うのが望ましいですが、表面にツヤがあり、揺らしてみてプリプリッと弾力があるものを選びます。切り身の場合は切り口が立ち、角もピンと張っているものがよいです。

牛や豚レバーは新鮮なものは暗赤色をしているので、黒っぽいものは避けましょう。鶏レバーは赤みがあるものを選んだ方がいいです。

切り身の場合は切り口が立ち、
角もピンと張っているものがよい

ひき肉は脂身の比率を見て、全体が白っぽいものは避けよう

ひき肉には、牛・豚・鶏・牛と豚の合挽肉、の4種類があります。いずれの場合も選ぶときは脂肪をチェック。脂肪は全体の2〜3割程度がちょうどよく、全体に白っぽさが目立つものは脂っぽいので避けたほうがよいです。

牛ひき肉は鮮やかな赤色、豚肉は赤みがかったピンク色、鶏肉は淡いピンク色のものが新鮮。

鶏肉の場合は、全体的に黄色っぽく見えるものには脂肪が多いです。いずれも黒ずみがあるものや、ドリップ（赤い汁）が出ているものには注意が必要です。また、ひき肉は買ってきたらすぐ冷蔵庫に入れ、調理するときも冷蔵庫から出したら時間をおかずに調理するのがよいです。そうしないと、脂肪が柔らかくなって分離してしまいます。

牛ひき肉は鮮やかな赤色のものが新鮮

豚肉は赤みがかったピンク色のものが新鮮

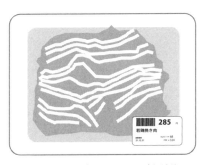

鶏肉は淡いピンク色のものが新鮮

冷蔵・冷凍していた肉は、調理前に常温に戻す

肉が冷えていると火の通りが悪く、生焼けの原因になってしまうので、調理する前に冷蔵庫から出して常温に戻しておきます。また、冷凍した肉はレンジでチンすれば早いが、解凍ムラが起こりやすいし、うま味を保つためにはやはり自然解凍がいちばん。冷蔵庫にいったん移してゆっくり解凍したあと、常温に戻すようにしましょう。

その際、時間をおきすぎて肉汁が流れ出てしまったら、日本酒やワインでうま味を加える救済方法がありますが、それよりも肉じゃがなど味の濃い料理に使ったほうがよいです。

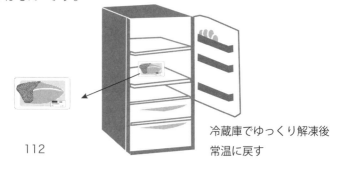

冷蔵庫でゆっくり解凍後
常温に戻す

肉は、
むやみに叩いてはだめ

〝肉を叩く〟というのは、よくいわれることです。
肉をやわらかくしたり、調理しているときに反り返っ
たり縮んだりさせないためにも、また熱の通りを均一
にするためにも、すりこぎや包丁の背などで叩くとよ
い、というわけですが、これは基本的にかための肉の
場合。むやみに叩くとせっかくの肉汁を流してしまう
ので、叩いてよい肉と、叩かない方がよい肉を見極め
ることが大切です。

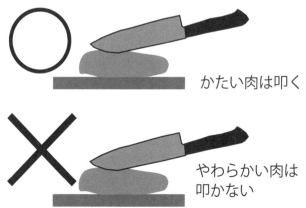

かたい肉は叩く

やわらかい肉は
叩かない

叩いてもったいない肉は
筋切りだけで十分

よほどかたくないかぎり、肉は叩くのではなく包丁の先で筋を入れるだけで十分です。この筋切りをしておけば、焼き上がったときに肉が縮んだり反り返ったりせず、形がしっかりときれいに仕上がります。

その際、赤身と脂身の境目にある筋に2〜3センチ間隔で3〜4カ所包丁を入れます。切れ目が多すぎると、うま味が逃げてしまうので注意。やや厚めの肉なら裏と表、両方筋切りをするとよいです。薄切りの肉でも、豚のしょうが焼きのように丸ごと1枚で焼くときは、筋切りをしたほうが焼き上がりがきれいになります。

また牛や豚のロースや鶏もも肉など、厚みのある肉の場合は内側全体に2〜3センチ間隔で切れ目を入れておくと火の通りがよくなります。

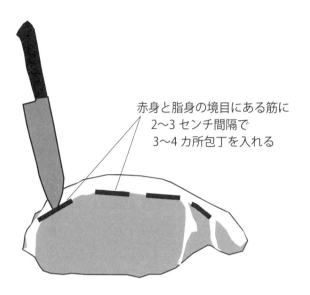

赤身と脂身の境目にある筋に
2〜3 センチ間隔で
3〜4 カ所包丁を入れる

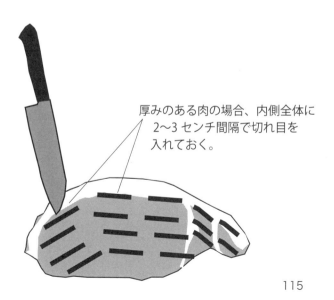

厚みのある肉の場合、内側全体に
2〜3 センチ間隔で切れ目を
入れておく。

肉に下味をつけるときは
時間厳守で

肉料理の出来・不出来は、下味をしみ込ませる時間の長短によっても大きく左右されます。

下ごしらえの合わせ調味料に長く浸けすぎると、肉汁が流れ出して肉がかたくなり、味も濃くなってしまいます。そこで、しょうが焼きなど薄い肉の場合は、せいぜい10分を限度として浸けるようにし、鶏の唐揚げなら最低でも、1時間、スペアリブなら最低半日漬けておきます。

厚めの肉や脂肪の多い肉はタレがなじみにくく、肉の種類や厚さによっても変わってくるので、調味料に浸けておく時間には注意が必要です。

●しょうが焼きなど薄い肉……10分

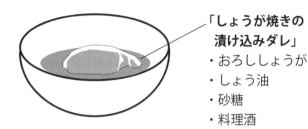

「しょうが焼きの
漬け込みダレ」
・おろししょうが
・しょう油
・砂糖
・料理酒

●鶏の唐揚げ用モモ肉……1時間

「唐揚げの
漬け込みダレ」
・料理酒
・しょう油
・おろしにんにく
・おろししょうが

●スペアリブ……半日

「スペアリブの
漬け込みタレ」
・しょう油
・料理酒
・はちみつ
・おろしにんにく

下味の塩は、
30 センチの高さから

肉に塩を振るときは近くからではなく、30 センチくらいの高さから振ると均一になります。これは尺塩（しゃくじお）といわれますが、プロの料理人が 30 センチ（1 尺）くらいの高さから塩を振ることからきています。また塩・コショウなどで味つけをすませたあと、薄く片栗粉をまぶしてよけいな粉をはらっておけば、コクとうま味を逃さずに調理できます。

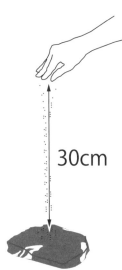

30cm

調理する前に熱湯に浸け、肉の薬物成分を取り除く

　牛や豚、鶏を飼育するなかで薬物が使われることがあります。その肉に取り込まれた薬物を抜く簡単な方法は熱湯処理。肉をボウルに入れて熱湯に30分ほどつけて溶かし出します。

また、しょう油や味噌に漬けてもよいですが、つけ汁はよくふき取ってから調理すること。煮込みなどの場合はアクとしても出てくるので、アクをていねいに取ることも忘れずに。

熱湯に
30分つけこむ

かたい肉を ジューシーに変身させる

高価な肉ならおいしくて当たり前ですが、安くてかたい肉をグレードアップするワザがあります。パイナップルやナシ、キウイ、パパイヤなどの果物をすりおろした中に肉を 30 分くらい浸けておきます。そうすると、果物の酵素が肉のたんぱく質を分解して肉をやわらかくするし、ほんのり甘みもついてとてもおいしくなります。

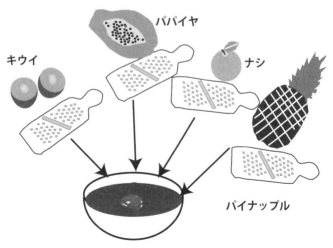

パパイヤ

キウイ

ナシ

パイナップル

安い牛・豚肉を高級な味に変身させるコツ

安くてかたい牛肉や豚肉を、玉ねぎのパワーで変身させるワザがあります。玉ねぎをすりおろして同量のサラダ油とまぜ合わせた中に肉を浸け込み、1日冷蔵庫で寝かせます。

そうすると、玉ねぎの成分が安い肉の臭みと脂っぽさを消し、さっぱりした味に変えてくれます。空気にさらさないよう、肉がひたひたになるくらいに浸け込むのがポイントです。

玉ねぎのすりおろし

サラダ油

冷蔵庫で1日寝かせる

鶏肉は、はじめに余分な脂身を取り除いておく

唐揚げでも照り焼きでも、鶏肉は余分な脂肪を取り除いておくことでおいしさが全く違ってきます。包丁で脂肪をていねいにそぎ落とすと、安い肉でも弾力がありながらふんわりして、味もしっかりなじむようになります。

鶏肉は低カロリーなことでも人気がありますが、皮の周辺についている黄色い脂肪をそのままにしていると、豚肉などと変わらないくらいのカロリーになってしまいます。

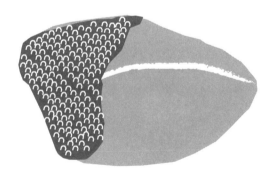

レバーの臭み消しには パイナップル

レバーを流水に5分以上さらして血抜きをしたあと、パイナップル缶のシロップの中に浸けておき、それを半日冷蔵庫に入れておくと臭みが抜けるだけでなく、ほのかな甘みが加わってとてもおいしくなります！

流水で血抜きをしたレバー

パイナップル缶

ブロイラーの鶏肉をグレードアップ！

家計に優しいブロイラーでも、ワンランクアップの味にする方法があります！

【用意するもの】

・鶏肉

・塩／料理酒／ヨーグルト

・重しになるもの

・バッド

---

①鶏肉全体に塩をよくすり込んで、料理酒を少量ふりかける。

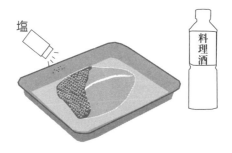

②上からお皿などで軽く重しをし、冷蔵庫に入れ、2時間以上寝かせる。

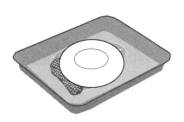

③2時間以上寝かせたら、鶏肉の水分を拭き取って、タッパーなどの密閉容器に入れ、プレーンヨーグルトをかける。

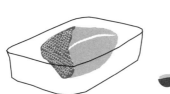

④冷蔵庫でさらに2時間以上寝かせれば肉の臭みもなくなり、驚きのおいしさに！（ヨーグルトは調理するときに洗い流す）

鶏のむね肉を 真空低温調理法で ジューシーにする

真空低温調理法は、フォアグラ料理のためにフランスで編み出された方法です。この調理法を応用すれば、パサパサした鶏のむね肉をジューシーな味わいに変身させることができます。

【用意するもの】
・鶏むね肉
・オリーブオイル
・ラップ

①鶏むね肉にオリーブオイルをぬる。

②空気が入らないようにラップを 4〜5 重にしっか
り巻く。

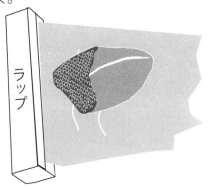

③ラップごと 70℃くらいのお湯に入れる。肉が
200 グラムとして、加熱時間の目処は約 15 分。
加熱し終わった肉は、すぐに氷水で冷やす。

こうすると、しっとりした食感に生まれ変わる！

ステーキを
おいしく仕上げるコツ

ステーキを焼くときは、肉汁が逃げてしまうので牛肉をたたいてはだめ。肉をフライパンに入れたら、あとは、うま味を閉じ込めるために、とにかくなるべく短い時間で焼くことが、最大のポイントになります。

┌ ─ ─ ─ ─ ─ ─ ─ ─ ─ ─ ─ ─ ─ ─ ─ ┐
【用意するもの】
・牛肉／油／塩／コショウ
└ ─ ─ ─ ─ ─ ─ ─ ─ ─ ─ ─ ─ ─ ─ ─ ┘

①冷蔵庫から取り出した肉が常温に戻ったら、まずフライパンを強火で十分に熱してから 油をひく（火加減を見るには、塩をひとつまみ入れてみるとよい。塩の粒が跳ねれば OK）。

②肉を焼く直前に、
味付けの
塩・コショウをふる。

③強火で一気に焼き、十分に焼き色がついたら、裏返す（ひっくり返すのは1度だけ）。焼く時間は短いほどよい。焼き具合をみるには指で肉を押してみるとよい。レアは頬、ミディアムは耳たぶ、ウェルダンは鼻の頭のやわらかさが目安。

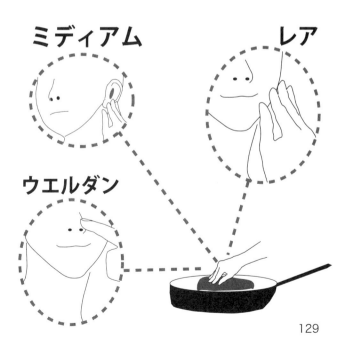

ミディアム

レア

ウエルダン

ステーキを焼いたあとの 残りでソースをつくる

ステーキを焼いたあと、フライパンに残った肉汁と脂を捨ててはいけません（脂が多すぎるときは少し捨てる）。そこに赤ワインを加え、フライパンにくっついている肉のうま味をへらでこそげ落とすようにしながら煮詰めていくと、それだけでおいしいステーキソースができあがります。

【用意するもの】
・フライパンに残った肉汁と脂
・赤ワイン

赤ワイン

また、にんにくと玉ねぎをすりおろし、ポン酢と合わせたものに、フライパンに残った肉汁と脂を入れてもおいしいソースになります。

【用意するもの】
・フライパンに残った肉汁と脂
・にんにく/玉ねぎ/ポン酢

①にんにくと玉ねぎのすりおろし、ポン酢をボウルに入れ、かき混ぜる。

にんにくの
すりおろし

玉ねぎのすりおろし

ポン酢

②フライパンに残った肉汁と脂を、①のボウルに入れる。

オーブンを使わずに ローストビーフをつくる

ステーキ同様、シンプルな味付けで肉のおいしさを味わうのがローストビーフ。大きな塊肉をオーブンで焼くのは面倒ですが、フライパンでもつくれます!

【用意するもの】

・牛塊肉/フライパン

・塩/コショウ/オリーブオイル

・アルミホイル/わさび

---

①牛塊肉に塩・コショウをしたら常温で30分くらい置いておく(お好みですりおろしたにんにくを肉にまぶしてもよい)。

132

②フライパンにオ
リーブオイルをひい
て、焼き色がつくま
で肉を焼く。

③焼き色がついたら、蓋を
して蒸し焼きにする（玉ね
ぎやニンジン、ジャガイモ
などの野菜を一緒に焼くと
肉がやわらかくなる）。

④焼き上がった肉は、
アルミホイルに包んで、
1時間くらい寝かせる。

⑤冷めたら 2〜3 ミリの厚さ
に切って完成。包丁を大きく
動かすと肉が崩れるので小刻
みに動かして切るのがコツ。
食べるときはホースラディッ
シュ（西洋わさび）か、なけ
れば本わさびをつける。

133

トンカツに衣をつけたあと、冷蔵庫で冷やす

トンカツの肉もステーキと同様、常温に戻してから衣をつけます。

【用意するもの】
・豚ロース肉／サラダ油／卵

① 小麦粉は〝薄く、均等に〟まぶし、ていねいに払っておく。

小麦粉

② 溶き卵はしっかりまぜておかないと、ムラになってしまうので、少量のサラダ油を加えるとよい。

溶き卵

サラダ油少量

③最後にパン粉をつける。

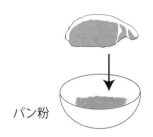

パン粉

これで衣は完成ですが、揚げている途中で衣がはがれてしまうこともあるので、念入りにやるなら、衣をつけたあと乾きを防ぐために、ラップで包んで冷蔵庫に入れ、15〜20分程度冷やすとよいです。

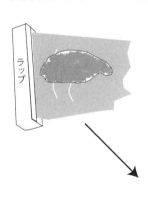

ラップ

**冷蔵庫で 15〜20 分程度
冷やす。**

トンカツは最後に 強火でカラッと揚げる

トンカツは180 ℃に熱した油で中火で2分。これが
揚げる時間の目安ですが、仕上げの直前に強火にす
ると、カラッと揚がります。

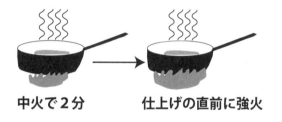

中火で2分　　　　**仕上げの直前に強火**

もし揚げの時間に失敗して食べるときに生っぽかっ
たら、揚げなおすのではなく、ラップをせずに電子
レンジで約1分加熱すればOKです。

豚のしょうが焼きは、魚焼きグリルで焼いてカロリーカット

豚のしょうが焼きは適度な脂身がないとおいしくありませんが、フライパンを使うとサラダ油も加わるためカロリーが気になることも。

そこで、少しでも油分を減らしたいときは、魚を焼くグリルで肉を焼くとよいです。焼き油もいらないし、余分な肉の油は受け皿に落ちます。

こってり感がなくなるため、おいしさが半減するのでは？ と思うかもしれませんが、うま味は損なわれません。

豚の薄切りは小麦粉か片栗粉をまぶしておく

豚の薄切り肉はしょうが焼きや肉野菜炒め、青椒肉絲（チンジャオロースー）など、いろいろな料理に使えて重宝します。その薄切り肉ですが、炒めるときに軽く小麦粉をまぶしておくと、火を通したときに肉汁が流れ出るのを防げます。

また、片栗粉をまぶすと肉汁もうま味も閉じ込めてくれるし、タレにもちょうどいいトロみがついておすすめです。

豚バラ肉は
さっとゆでておく

豚バラ肉は、角煮や回鍋肉（ホイコーロー）など、いろいろな料理に使えて便利ですが、脂身が多いのが気になるときってありませんか？

そんなときは、豚バラ肉をお湯でさっとゆでておきましょう。肉の半分近くを占める脂身の3分の1くらいが取れてカロリーが減り、口当たりもよく食べやすくなります。

豚バラ肉を
あっさり食べる簡単レシピ

鍋に豚バラ肉と白菜をミルフィーユのように交互に重ねて、蒸すだけで、立派なメインディッシュになります。塩、コショウ、酒で、味付けしてもよいですが、調味料は何も入れずに蒸して、ポン酢をつけて食べてもおいしいです。

豚バラ肉	白菜
豚バラ肉	白菜
豚バラ肉	白菜
	白菜

トンカツを
オーブントースターで
つくる

おいしいけれど、後片付けが面倒だし時間もかかるのが揚げ物。しかし、オーブントースターを使えば、短時間でできます。トンカツでも唐揚げでも、揚げ物ならなんでもこの方法でできます。

①豚肉の衣はふつうより薄くつける（134 ページ参照）。

②アルミホイルにサラダ油を塗る。

③②のアルミホイルの上に、衣をつけた豚肉を置き、上からサラダ油を全体に薄くかける。

④③をオーブントースターに入れて約7分焼けば、香ばしい揚げ物が見事、完成（衣がまだ白っぽかったらもう 1〜2 分焼く）。

冷凍した豚の薄切り肉を カツレツに

冷凍庫に豚の薄切り肉があったら、凍ったまま、重なったまま食べやすい大きさに切ってカツレツをつくりましょう。

【用意するもの】
・冷凍した豚の薄切り肉
・卵／サラダ油／バター
・パン粉／粉チーズ／フライ返し

①冷凍してある豚の薄切り肉をとりだし、解凍せずにそのまま、重なったまま、食べやすい大きさに切る。

②食べやすい大きさに切った豚肉を溶き卵にくぐらせたあと、風味をよくするため、粉チーズをまぜたパン粉を両面にしっかりまぶす。

③フライパンにサラダ油とバターを同量入れて熱し、5〜6 分焼く。このときフライ返しで押し付けながら焼くとよい。表面がきつね色になったらでき上がり。

炊飯器で 豚の角煮をつくる！

炊飯器で豚の角煮をつくると、煮崩れもなく、途中のチェックも必要ないのでラクチンです！

【用意するもの】
・豚の塊肉 500 グラム／お湯 500cc
・しょうが／にんにく／しょう油
・油／みりん／砂糖

---

①豚の塊肉 500 グラムを 20 分下ゆでする。

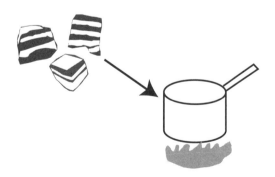

②豚肉をゆでている間に、炊飯器の内釜に、お湯 500cc とスライスしたしょうが、にんにく、しょう油と油各大さじ3強、みりん大さじ2、砂糖大さじ3ずつ入れる。

みりん大さじ2杯

スライスしたにんにく

スライスした
しょうが

しょう油
大さじ3杯強

お湯
500cc

砂糖大さじ3杯

00:00

保温　炊飯

油大さじ3杯強

③豚肉の下ゆでができたら、②に豚肉を入れて、炊飯器のふたをし、「炊飯」のボタンを押す。「保温」になったら完成。一晩おくと味がよりしみ込んでおいしく食べられる。

唐揚げは二度揚げする

唐揚げの肉は厚みがあるので、二度揚げするとより
おいしくなります。中温の油で中まで火を通し、き
つね色になったら全部取り出します。そのまましば
らく置いておき、余熱を利用してなるべく中まで温
めます。

そして再び油の温度を上げ、もう一度肉を揚げて手
早く引き上げると、衣の中の油が切れてカラッとし
た唐揚げになります。

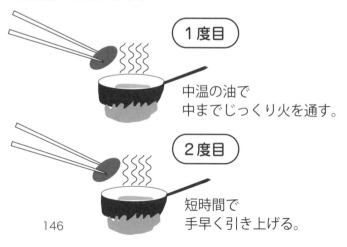

1度目
中温の油で
中までじっくり火を通す。

2度目
短時間で
手早く引き上げる。

ポリ袋で唐揚げをつくる

唐揚げをつくるときは、ポリ袋が便利です。下味を
つけた鶏肉と唐揚げ粉を一緒にポリ袋に入れ、袋の
口を手で閉じたままもむと、肉にまんべんなく粉が
つきます。ポリ袋はそのまま捨てればよいので、洗
い物もすくなくてすみます。

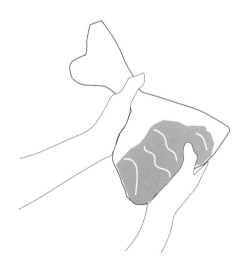

鶏のもも肉を油を使わず、ヘルシーに調理する ❶チキンソテー

ただ焼くだけの、簡単お手軽なチキンソテー。でも、もも肉は厚みがあるので、表面はこんがりなのに中が生焼けだったなど、上手に仕上げるのは意外に難しいです。それに油はねがけっこうあるので、あとの掃除も憂鬱。そこで、油を使わずに蒸し焼きにする方法を紹介します。

> **【用意するもの】**
> ・鶏もも肉
> ・塩／コショウ／にんにく
> ・フライパン

①鶏もも肉を、塩・コショウ・にんにくなどで味付けする。

②油を使わずに、中火で熱したフライパンに、皮を下にして肉を入れる。

皮を下にして肉を入れる

＊油は入れない！

③蓋をして蒸し焼きにする。肉の表面が白っぽくなったらひっくり返し、また蓋をする。裏表にこんがり焼き色がつくまで焼けばでき上がり。

鶏のもも肉を油を使わず、ヘルシーに調理する ❷照り焼き

【用意するもの】
・鶏もも肉
・フライパン
・しょう油
・みりん／砂糖

①油を使わずに、中火で熱したフライパンに、皮を下にして鶏もも肉を入れる。

皮を下にして肉を入れる

＊油は入れない！

150

②蓋をして蒸し焼きにする。肉の表面が白っぽくなっ
たらひっくり返し、また蓋をする。裏表にこんがり焼
き色がつくまで焼く。

③しょう油・みりん・砂
糖（5・5・3 くらいの比
率で）を合わせたタレを
フライパンに入れ、肉を
ひっくり返しながら 2〜3
分煮詰めれば、完成。

しょう油 みりん 砂糖

5 : 5 : 3

↓

タレ

←

鶏むね肉で簡単 中華風ソテー

鶏むね肉（鶏もも肉でも可）を使って、簡単にできる美味しい中華風のソテーを紹介いたします。生姜を使うので、唐揚げっぽい味も楽しめます。

【用意するもの】
・鶏むね肉（鶏もも肉でも OK）
・小麦粉／ごま油／しょう油／みりん
・おろし生姜／おろしにんにく
・フライパン

基本的にどれも、適量で OK ですが、みりんは多く入れすぎると、味が和風っぽくなってしまうので、少なめで（しょう油とみりんの比率は２：１くらい）。

①鶏むね肉（鶏もも肉でも OK）を食べやすい大きさに切る。

②切った鶏むね肉を
小麦粉にまぶす。

③ボウルに、おろししょうが・おろしにんにく・しょう油・みりんを適量入れてタレをつくる。みりんは入れすぎに注意。しょうがとにんにくはお好みでたくさん入れるとパンチのある味になる。ごま油を少したらしても美味しい。

おろしにんにく

おろし
しょうが

④フライパンを熱して、ごま油を引いて、②の鶏むね肉を焼く。弱火で焦げないようにじっくり焼く。片面に焼き色がついたら裏返す。

⑤鶏むね肉に火が通ってきたら、一旦火をとめて、③のタレをフライパンの中に投入。フライパンに蓋をし、弱火でさらに加熱。頃合いをみて蓋をとり、タレと鶏むね肉をよく絡めれば出来上がり！

超簡単！
鶏肉の南蛮漬け

アジの南蛮漬けはおなじみですが、鶏肉で南蛮漬け
を作ってもおいしいです。

【用意するもの】
・鶏肉
・しょう油／料理酒／みりん
・にんにく／しょうが／砂糖
・酢／唐辛子／水

①鶏肉に、しょう油・料理酒・みりん・にんにく・
しょうがで下味をつける。それぞれ適量で。

鶏肉の下味をつける

おろしにんにく

おろししょうが

②①に片栗粉をまぶす。

③しょう油、砂糖、酢、唐辛子に水を加えたタレを
つくる。

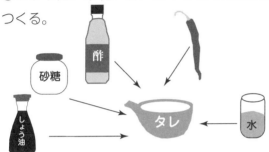

④フライパンにサラダ油を
多めに入れて ②を焼く。

⑤肉が焼けたら食べやすい大き
さにカットして、皿にうつす。

⑥電子レンジで③のタレを温める。
タレが温まったら、肉にかけて食卓へ。

155

つくり置きしておきたい、鶏の酒蒸し

すぐに食べるおかずとしてもよいし、つくり置きしておけば麺類などの具としても重宝する酒蒸し。安価で、脂肪の少ないむね肉でつくる簡単レシピを紹介します。

【用意するもの】
・鶏むね肉
・塩／長ネギ／日本酒
・ラップ／ごま油

①お皿（耐熱容器）に適当に切った長ネギを敷いて塩を少し振る。

塩

長ネギ

②ネギの上にむね肉を置いて日本酒をかける。

鶏むね肉

③容器にラップをゆるくかけ、電子レンジで4分くらい加熱したらとめて、鶏むね肉に竹串や楊枝などを刺す。透明な汁が出たら、OK。赤い汁が出たら、もう少し加熱する。

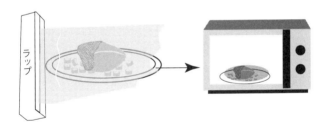

④鶏むね肉の粗熱がとれたら食べやすい大きさに切る。ごま油を少量たらしたら完成。ごま油の代わりにナンプラーをたらせば、エスニック風になる。

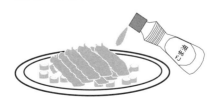

鶏の余った皮を
おつまみに

鶏肉の皮は脂っぽいから苦手という人もいますが、鶏皮をカリッと揚げれば、極上のおつまみになります。

【用意するもの】

・鶏肉の皮

・塩／コショウ

（または片栗粉と油）

①脂身がついたままの皮を適当に切る。

②切り分けた鶏皮に塩・コショウを振る。

③油をひかずに、フライパンでカリカリになるまで炒めれば完成。火が強いと焦げてしまうので弱火で、じっくり炒める。

または、塩・コショウの後に片栗粉をまぶして、油で揚げてもよい。

ハンバーグのひき肉は
牛7・豚3が
もっともおいしい

ハンバーグに使うひき肉は、牛だけでも豚だけでもいまひとつです。牛ひき肉だけでつくると肉が縮むので肉汁のうま味が流れ出てしまうし、豚ひき肉だけでつくるとジューシーだけれどコクがありません。うま味を保ちつつジューシーな味わいにするためには、牛ひき肉7に対して豚ひき肉3が黄金比率です。そこで、できればパックではなく量り売りで買うのがおすすめです。

【用意するもの】
・牛ひき肉
・豚ひき肉
（パン粉）

ハンバーグのひき肉の黄金比率

牛ひき肉　　　　　豚ひき肉

7 ： 3

また、パン粉を多めにつけるとジューシーさをより保てるので、肉100グラムにつき、パン粉4分の1カップをまぶすのも効果的です。

パン粉4分の1カップ

ハンバーグは段階を ふんで、よくこねる

ハンバーグはこねすぎると肉の腰が強くなり、かたくなる傾向はありますが、よくこねたほうがうま味を保てます。ただ、段階的にやるのがポイントです。

【用意するもの】
・ひき肉
・塩/卵/コショウ
・パン粉/玉ねぎ/牛乳

①ボウルにひき肉を入れ、塩を振り、こねる。手早く、100回を目安にこねる。

100 回を目安に こねる

塩

②溶き卵とコショウを入れてまんべんなくまぜ合わせる。

コショウ

溶き卵

③別のボウルを用意し、パン粉を玉ねぎと牛乳に浸してから、しっかり絞って水気をとる。

玉ねぎの
みじん切り

*別のボウルを
用意する。

牛乳

④ひき肉のボウルに、③で絞ったパン粉を入れて全体をこねる。

⑤丸く成形し、手のひらにパンパンと数回たたきつけて空気を抜く（焼きの途中で割れにくくなる）。また、火の通りをよくするために、中央をへこませてヘソをつくっておく。

163

ハンバーグは「強火〜弱火」で焼く

ほかの肉料理と同様ですが、肉汁が流れ出るのを防ぐため、最初は強火で焼くことが肝心です。焼き目がついたら見た目もいいし、うま味を閉じ込めることができます。

①強火

その後、蓋をして弱火でじっくり焼き、中央部に竹串や楊枝を刺して透明な肉汁が出たらでき上がりです。

②弱火

ハンバーグの焼きに
失敗したときのリカバー術

Q1. 火加減が強すぎると、中まで火が通らないうちに焦げてしまった。そんなときは?

A. ハンバーグソース(ケチャップやソースでつくる)を水で薄めて煮込みハンバーグにする。

Q2. 焼いている途中でハンバーグが割れてしまったときは?

A. 溶けるチーズを上にかぶせる!

Q3. ハンバーグが生焼けだったときは?

A. 電子レンジで加熱する!

or

A. アルミホイルにくるんでオーブントースターで焼く。

ハンバーグの隠し味に マーマレードを

マーマレードやジャムをハンバーグの味付けの調味料にすると肉臭さを消してくれます。

ひき肉に塩・コショウで味付けするとき、肉300グラムに対して、大さじ2分の1〜3分の1のマーマレードを加えると、とてもマイルドな味になります。

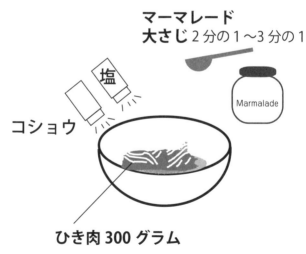

**マーマレード
大さじ2分の1〜3分の1**

Marmalade

塩

コショウ

ひき肉300グラム

ミートソースの コクを増すワザ

①玉ねぎとにんにくの
みじん切りを炒める。

②ひき肉に生の鶏レバーを、
粗みじん切りにしたもの
（ペーストでもよい）を少量
加える。これだけで、不思議
とコクが増す！

③トマト缶、赤ワイ
ン、ブイヨンで②に
下味をつける。（ケチャップとソースでも可）

④①のフライパンに③をあけ、煮込むと風味豊か
なソースの完成。お好みでタイムやナツメグなど
のスパイスも。

保存食に最適な
鶏そぼろ

つくり置きしておけば、お弁当などにも便利な鶏そぼろ。オムレツの具にしてもいいし、卵と絹さやなどと三色そぼろ丼にしてもいいです。

【用意するもの】
・鶏ひき肉（200 グラム）
・しょうが汁（小さじ1）
・料理酒（大さじ2）
・しょう油（大さじ1.5）
・砂糖（大さじ1.5）

①鶏ひき肉、200 グラムをフライパンに入れる。

②しょうが汁小さじ 1、料理酒大さじ 2、しょう油
大さじ 1.5、砂糖大さじ 1.5 を一緒にフライパンに
入れる。

大さじ2杯
料理酒

大さじ1.5杯
しょう油

大さじ1.5杯
砂糖

小さじ1杯
しょうが汁

③完全に汁気がなくなるまで煮詰める。お玉で肉
を押し付けながら煮詰めると余分な水分や脂分が
飛び、パラパラしたそぼろになる。冷めたら小分
けにしてラップに包み、冷凍保存しておこう。

レバーの唐揚げは
おつまみやおやつに

血抜きをしたレバーを使った料理のおすすめは、唐揚げやフライ。唐揚げは、パイナップルの缶詰のシロップに浸け、臭みを取ったレバーに片栗粉をつけて揚げるだけ。シロップでほんのりした甘みがついているので、ほかの味付けはしなくて OK です。おつまみにもおやつにもおいしい一品になります。

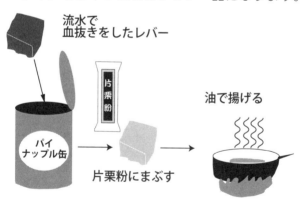

流水で
血抜きをしたレバー

パイ
ナップル缶

片栗粉

片栗粉にまぶす

油で揚げる

ビールのつまみに合う
レバカツ

ソース味のレバカツは、つまみにもおやつにもなります。

①新鮮な牛か豚のレバーを薄切りにして、ウスターソースに浸けこむ。

②小麦粉・溶き卵・パン粉の衣をつける。

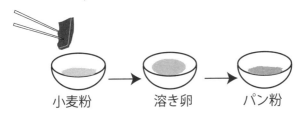

小麦粉　　　　溶き卵　　　　パン粉

③高温でサッと揚げる。

ごくウマ！ 手づくりレバーペースト

サンドイッチやバケット、クラッカーに乗せても おいしいレバーペーストは、密閉容器に入れて冷 蔵庫に保存しておけば1週間くらいはもつので、 つくっておくと重宝します。

【用意するもの】
・豚レバー（300グラム）／牛乳か塩水
・料理酒（大さじ2）／玉ねぎ（2分の1個）
・にんにく（ひとかけ）／バター
・塩／コショウ／ナツメグ／生クリーム

①豚レバー300グラムを水洗い して血抜きしたあと、牛乳か塩 水に浸して臭みをとる。

②ひと口大に切る。

③玉ねぎ 2 分の１個とに
んにくひとかけをみじん
切りにし、フライパンに
バターを溶かして炒める。

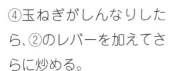

④玉ねぎがしんなりした
ら、②のレバーを加えてさ
らに炒める。

⑤レバーに火が通ったら、
塩・コショウ・ナツメグ
少々を加えてさらに炒め
る。

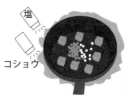

塩

コショウ

ナツメグ

⑥ある程度炒めたら火を
とめて、常温で冷まして、
粗熱をとる。

⑦ミキサーかフードプロセッサーにか
ける（すり鉢で滑らかになるまで練
ってもよい）。

⑧生クリームをまぜ
ればでき上がり。

生クリーム

ハムカツを
上手に揚げるワザ

お弁当のおかずとしても人気のハムカツ。しかし揚げると、ハムと衣がはがれてしまうことがあります。そこで、衣がはがれないワザをご紹介。衣をつける「小麦粉→溶き卵→パン粉」という流れを**「小麦粉→溶き卵→小麦粉→溶き卵→パン粉」**もしくは**「小麦粉→溶き卵→パン粉→溶き卵→パン粉」**というふうに、**「小麦粉→溶き卵」**か**「溶き卵→パン粉」**を**二度づけする**と衣がはがれにくくなります。

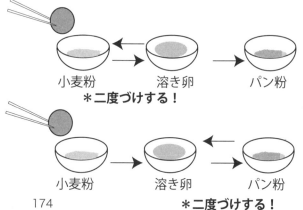

小麦粉　　　　溶き卵　　　　パン粉
＊二度づけする！

小麦粉　　　　溶き卵　　　　パン粉
＊二度づけする！

かたくなったハムを再生するワザ

保存に失敗すると、ハムはかたくなってしまいます。そんなときは牛乳にしばらく浸けておけば、ふたたびやわらかいハムに生まれ変わります！

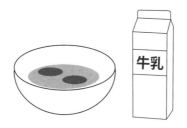

ちなみに、使いかけのハムは表面（切り口）にバターを塗っておけば、表面がかたくなるのを防げます。

ソーセージを
ボイルするときは
切り込みを入れない

ソーセージといえば、お弁当に入っている切り込みを入れたウィンナーソーセージを思い浮かべるのでは？　切り込みを入れる理由は、お箸で持ちやすいためとか、焼いているときに皮の破裂をふせぐためとか、諸説あるようです。お弁当のソーセージは、油をひいて焼いていることが多いので、切り込みを入れても比較的うま味がありますが、ボイルする場合はうま味を逃してしまうので、**切り込みを入れない**のがポイントです。また**沸騰したお湯で茹でるとき、火をとめる**のがコツです。

①沸騰したたっぷりのお湯にソーセージを入れたら、すぐに火を止めて蓋をする。

②火を止めて蓋をしたまま、約80℃くらいのお湯でゆっくりとソーセージに熱を通す。

冷凍したソーセージは 〝ゆでて〟解凍

ソーセージを冷凍庫から出したら、肉のように、常温で自然解凍するのではなく、凍ったまま熱湯でゆでるのがおすすめです。もっともおいしく食べられます。

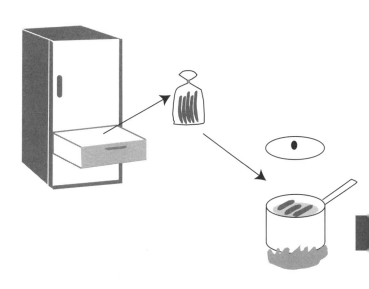

安いソーセージを 美味しく食べる方法❶

安いウィンナーソーセージでも、高級な味に変身！
美味しく食べれる方法をご紹介します。

①フライパンに水を少量入れ、沸騰させる。

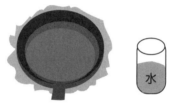

②①にソーセージを入れ、お箸でかきまわす。ソ
ーセージに切り込みは入れない。

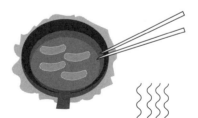

③水がすべて蒸発したら、完成。

178

安いソーセージを美味しく食べる方法❷

安いウィンナーソーセージでも、お祭りのフランクフルトのようなジューシーな味になる裏ワザをご紹介します。

①フライパンを温め、ソーセージを入れる。（油をひくか、ソーセージに切り込みを入れるかは、お好みで）。

②強火でお箸で転がすようにソーセージを炒める。

強火

③弱火にしてフライパンに蓋をする。蓋とフライパンの取っ手を両手でもちながら、フライパンを前後に傾けて、ソーセージを何度も転がしながら蒸す。焼き色がついたら、完成。

弱火

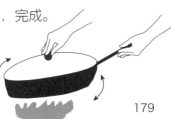

サラミソーセージの皮を
簡単にはぐワザ

サラミの皮がはがれにくいときは、湿らせたフキンに 1 時間くらい包んでおくと簡単にはがれるようになります。また、食べかけを残しておくときは、切り口に油を塗っておくと、乾燥を防止できます。

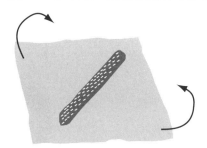

湿らせたフキンで包む。

1 時間ほど置いておく。

困ったときの カリカリベーコン

ベーコンをカリカリに炒めておくと、サラダのトッピングやスープの浮き実になりますし、目玉焼きにも添えられて、何かと便利。使うベーコンは、うま味がたくさん含まれている脂身の多いもののほうがよいです。つくり方は簡単。

①油はひかずに、フライパンで、細切りにしたベーコンを強火で炒める。

② ベーコンの脂が出てきたら火を弱め、たまった脂を捨てながらカリカリになるまで炒めれば OK。

③キッチンペーパーで脂を切り、冷めてから密閉容器に入れて冷蔵庫に保存しておこう。

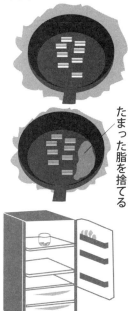

たまった脂を捨てる

ベーコンが
美味しくなる裏ワザ

フライパンでベーコンを焼くときに砂糖をひとつ
まみ振りかけます。油はひかなくて OK です。
これだけで、ベーコンが美味しくなります！

電子レンジで
簡単・ヘルシー
カリカリベーコン

フライパンを使わずに電子レンジでも、お手軽に
カリカリベーコンがつくれます！

①お皿にキッチンペーパーを敷き、その上にベー
コンをのせる。

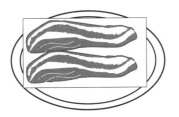

②電子レンジで加熱するだけ。目安は500Wで３分。

キッチンペーパーに油が落ちるのでヘルシーです。

鶏皮でスープ

鶏肉料理のとき、脂分が多すぎて皮を取り除くこともありますが、そんなときは皮を1枚ずつクルクル巻き、ラップに包んで冷凍しておくと何かのときに便利です。白菜が少し残ったときなど、その鶏皮を使ってスープをつくりましょう。

【用意するもの】
- 鶏皮
- 白菜
- コンソメ
- 塩
- コショウ

①白菜はひと口大に切り、鶏皮は小さく刻んでおく。

②白菜と水、コンソメの素をフライパンに入れたら、蓋をして煮立たせる。

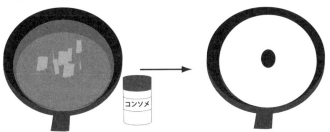

③煮立ったら鶏皮を加えて中火でさらに煮込み、白菜が柔らかくなったところで塩・コショウで味付けすれば完成。お好みでしょうがを加えてもおいしい。

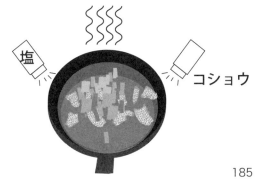

塩

コショウ

ひき肉でクレープ

ひき肉が余ったら、残り野菜でおかずクレープを
つくってみましょう。

【用意するもの】
・ひき肉／小麦粉
・野菜（キャベツ、もやし、
ニラ、ピーマンなど、
あまり水分の多くないもの）
・しょう油かウスターソース

①ひき肉をサラダ油で炒めて塩・コショウをして
おく。

コショウ

②冷蔵庫にある野菜（キャベツ、もやし、ニラ、ピーマンなど、あまり水分の多くないものがよい）を①に入れて、適量炒め、同じく軽く塩・コショウしておく。炒めたらお皿にいったん移す。

③小麦粉を水で溶き、熱したフライパンに薄く広げて焼いて、クレープの生地をつくる。

④焼けたら別のお皿に③の生地を移し、その上にレンジでチンした、②の温め直したひき肉と野菜をのせて、生地をクレープ状に包む。軽くしょう油かウスターソースをかければ、でき上がり。

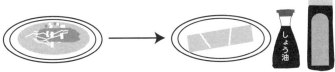

ひき肉のかわりに、ベーコンでもイカでも冷凍の小エビでも美味しい。溶けるチーズを最後にのせるのもおすすめ。

余った肉や卵
＋ナンプラーで
タイ風炒め物

【用意するもの】
- 余りものの肉、溶き卵、野菜の端切れ
- 春雨
- 塩／コショウ
- ナンプラー

①肉、溶き卵、野菜の端切れなど、余ったものはなんでも、食べやすい大きさに切る。

②①をフライパンに入れ、そこに水で戻した春雨
を加えて炒める。

③塩・コショウでさっと味付けしたあと、ナンプ
ラーを入れれば、タイ風の炒め物に。

餃子の具を
まんじゅうに

餃子の具が余ったら、次の日のおやつは餃子マンで決まり！ まんじゅうの皮はホットケーキミックスでつくります。

【**用意するもの**（2個分）】
・餃子の具
・ホットケーキミックス 100 グラム
・水 40cc

①ホットケーキミックス 100 グラムを、餃子の具を包めるくらいの固さになるように水40ccで溶く。

190

②水で溶いたホットケーキミックスは、適当な大きさを手に取り、めん棒でしっかり伸ばす。

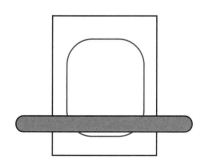

③餃子の具を包んで蒸し器で蒸す（皿の上にのせ、水にぬらし、ラップをゆるくかぶせて電子レンジでチンしてもOK）。これで完了。皮がほんのり甘いので、子どものおやつにもぴったり。

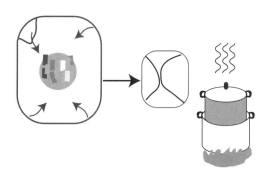

イラストでわかる！
料理の裏ワザ　人気料理・肉料理 編

編著者	料理の達人倶楽部
発行者	真船美保子
発行所	KK ロングセラーズ
	東京都新宿区高田馬場 2-1-2　〒 169-0075
	電話　(03) 3204-5161(代)　振替 00120-7-145737
	http://www.kklong.co.jp

印刷・製本　　大日本印刷 (株)
落丁・乱丁はお取り替えいたします。※定価と発行日はカバーに表示してあります。
ISBN978-4-8454-5140-1　　　C2277　　　Printed In Japan 2021